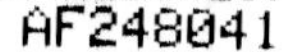

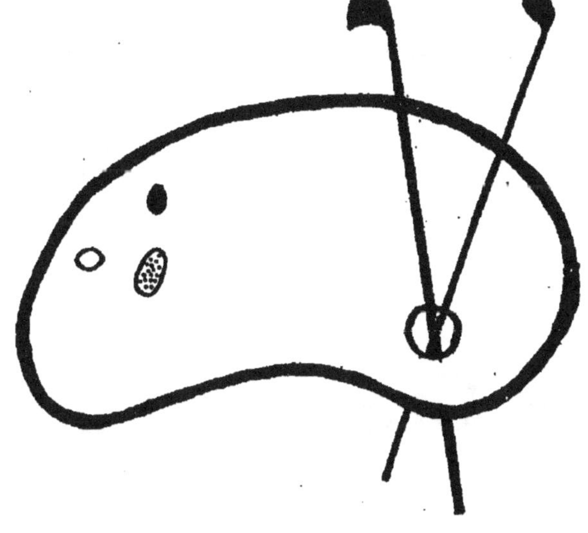

DEBUT D'UNE SERIE DE DOCUMENTS
EN COULEUR

Eug. BŒGLIN

Le Crépuscule
du
Luthéranisme

BLOUD & Cie

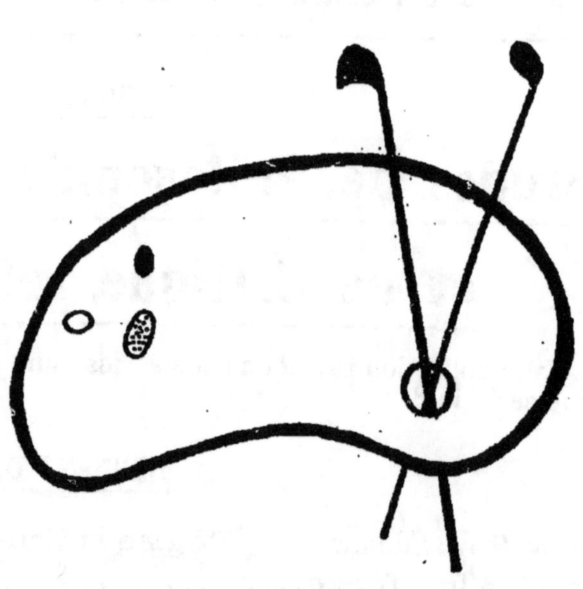

FIN D'UNE SERIE DE DOCUMENTS
EN COULEUR

Le Crépuscule

du

Luthéranisme

PAR

Eug. BŒGLIN

PARIS

LIBRAIRIE BLOUD ET Cie

4, RUE MADAME, 4

1907

Reproduction et traduction interdites.

MÊME COLLECTION

Bremond (H). — **L'Evolution du Clergé anglican** *(401)*.
1 vol.

Denais-Darnays (J.). — *Un Etat dans l'Etat :* **Les Protestants français sous Henri IV** *(246)*...... 1 vol.

Didier (L.). — **La Révocation de l'Edit de Nantes, ses causes et ses conséquences** *(144)*.......... 1 vol.

Gondal (I.-L.). — **L'Eglise russe** *(22)*......... 1 vol.

Hello (H.). **La Saint-Barthélemy** *(58)*........ 1 vol.

Krogh-Tonning (D'). — **Le Protestantisme contemporain**, *Ruine constitutionnelle* Traduction de l'allemand par Dom Urbain Baltus. *(172)*............... 1 vol.

— **Le Protestantisme contemporain**, *Ruine doctrinale (173)*.................................... 1 vol.

Laffay (E.). — **Origines du Protestantisme.** 3 vol. se vendant séparément.

I. *L'Allemagne au temps de la Réforme (190)*... 1 vol.

II. *Luther (191)*.................................... 1 vol.

III. *La Conquête Luthérienne (192)*............... 1 vol.

Pisani (P.). — **Les Missions protestantes à la fin du XIX' siècle** *(221)*............................ 1 vol.

Piolet (J. B.). — **Nos Missions et nos Missionnaires** *(296)*.................................... 1 vol.

LE
CRÉPUSCULE DU LUTHÉRANISME

L'Allemagne blâme notre politique religieuse, c'est son droit. Elle se réjouit que notre gouvernement tente de détruire la force apportée par le catholicisme à notre vie nationale, elle compte que nos fautes travaillent pour la grandeur germanique, et le calcul de son ambition peut être juste. Elle méprise enfin, du haut de son zèle protestant, la défaite de notre catholicisme, ceci est de trop.

Lorsque, du *Berliner Tagblatt* à la *Gazette de Cologne,* journaux, revues, calendriers, feuilles de satire, signalent notre « décadence » religieuse, l'Allemagne nous provoque à contempler sa dissolution luthérienne. Si notre peuple tolère provisoirement la spoliation de l'Église, l'unité de la hiérarchie, la cohésion du sacerdoce, la fidélité au Pape et à la foi resplendissent au-dessus des ombres et des attentats. Par delà le Rhin, la crise corrode la croyance populaire, et la haine du Sauveur envahit le sanctuaire. Du haut des pupitres protestants s'enseignent tous les scepticismes, l'abolition du rite, l'inobligation de la morale. Ce n'est plus l'Université, ce n'est plus la « science » qui tient école d'irréligion, c'est le prêche, c'est le temple, c'est le pasteur.

Dans les deux nations, le mal est grand, mais il n'est pas égal. Et tandis qu'en France l'Église garde et affermit l'unité de la discipline et de la doctrine, malgré tous les efforts et tous les coups même d'un gouvernement athée, — en Allemagne, malgré la bienveillance, les subsides et le prestige d'un gouvernement qui veut maintenir la foi religieuse, cette foi chaque jour s'affaiblit et tombe sous l'atteinte d'un mal intime et mortel. Contentons-nous de citer des faits.

I

La dernière forme : le Riennisme.

Sans croire, peut-on enseigner la croyance ? Sans christianisme, peut-on enseigner le christianisme ? Avec un vocabulaire biblique, faut-il prêcher la nature sans la grâce, l'Évangile sans Christ, la morale sans surnaturel ? On sait que le pasteur Ritschl et son école dite le ritschlianisme (1), ont répondu affirmativement à ces points d'interrogation et permis aux pasteurs de garder leurs places et de déserter leur foi. En haut, le gouvernement et les consistoires fer-

(1) Le plus fervent disciple du pasteur Ritschl, M. Kattenbusch, a justifié naïvement cette méthode : « Ce serait, dit-il, une bénédiction de Dieu, que tous les théologiens contemporains, malgré le désaccord de leurs conceptions, se tinssent solidement attachés à la langue de la Bible et de la Réforme. Quiconque use de cette langue dans un sens loyal, même avec un malentendu ; quiconque emploie les mots de cette langue avec le ferme et vrai propos de leur être fidèle, les considérant comme les termes sacrés de la chrétienté, comme des expressions qu'il ne peut mettre de côté, lors même qu'elles signifient pour lui autre chose que pour beaucoup d'âmes d'autrefois et d'aujourd'hui, même si elles signifient pour lui quelque chose d'inouï, que personne n'y aurait jamais découvert, celui-là ne mérite pas d'être méprisé, il mérite reconnaissance pour sa piété. Cette langue est un trait d'union comme la langue populaire. Elle neutralise pour l'âme beaucoup de fausses opinions théologiques. Qu'on se réjouisse de ce que tous les théologiens se rassemblent autour des mêmes mots. » *Von Schleiermucher zu Ritschl,* p. 17 : Giessen, chez Ricker.

maient complaisamment les yeux sur cette hypocrisie qui, comme une couche de vernis religieux, recouvrait l'apostasie des sociétés ; en bas, les foules ignorantes et naïves se laissèrent leurrer par cette trop flottante théologie. Incrédules aux universités, les prédicants portaient au temple un langage vaguement mystique où la religion de la forme cachait l'irréligion du fond. Les orthodoxes sincères seuls protestaient. Cette étape aujourd'hui est franchie. Ce ne sont plus les âmes religieuses, ce sont les « libéraux » qui exaltent l'insurrection contre ces marchés entre le luthéranisme officiel et la « science » hétérodoxe. Une crise nouvelle s'ouvre ainsi au sein du protestantisme. L'incroyant a-t-il le droit de communiquer son incroyance ? Le douteur étalera-t-il librement ses doutes ? Cet apôtre de l'incrédulité, cet ennemi de l'Évangile, ce sceptique, peut-il conserver son ministère ? Au nom du luthéranisme, attaquera-t-il le luthéranisme ? Sans croire, et le disant, le pasteur restera-t-il en fonction ? Enseignera-t-il la haine du catéchisme au catéchisme, la désertion du sanctuaire au sanctuaire même ?

Au congrès protestant de Berlin en 1905, M. Fischer, dans son rapport sur l'état actuel de la théologie, réclama, pour le prédicant et le catéchiste, ce droit à la révolte ouverte, au temple, du haut de sa chaire, en sa qualité même de ministre du Très-Haut. Existence d'une révélation, divinité de Jésus-Christ, inspiration des saintes Écritures, établissement évangélique d'une Église, il niait le christianisme tout entier. Pour lui, la « doctrine de Dieu n'est plus que la doctrine de l'homme ». Cette incroyance agressive ne surprenait personne. M. Fischer continuait M. Schmalz, M. Weingart, M. Neidhart, M. Scipion. Ce qui causa la stupeur, ce qui annonçait et marquait le prologue d'une révolution, c'est la rupture déclarée avec le « fauxmonnayage » de la théologie libérale ; c'est la prétention de révéler en chaire les « résultats de la science ». Les disciples revendiquent la même indépendance. Dire sincèrement ce que je pense sincèrement ; le penser et le dire dans l'exercice de mon ministère pastoral ; voilà la nouveauté, voilà le scandale, les orthodoxes ajoutent : et voilà le « crime ». Je ne crois plus, j'ai le devoir de donner les raisons de mon incroyance ; je tiens la vérité dans ma main : la loyauté m'oblige à l'ouvrir et à la répandre sur le peuple. Je nie le Dieu que je dois servir, devant les fidèles que je dois évangéliser : la « science » me l'ordonne. Je ne peux plus, je n'ose plus prolonger le long pharisaïsme et la douloureuse tartuferie. Les pasteurs en chaire parlent du Christ comme

« Fils de Dieu » ; et ils n'y croient pas. Ils l'appellent le « seul médiateur », et ils ne le pensent plus. Pourquoi derrière cette escobarderie masquer la vérité ? Au nom de qui et de quoi prêchons-nous à la foule une foi que nous méprisons ? Les organes du luthéranisme confessent cette « déloyauté ». Les pasteurs eux-mêmes se plaignent du discrédit où est tombé le « ministère de la parole », de l'abandon des « cimetières spirituels » par un peuple désabusé. Il faut donc rentrer dans la sincérité en sortant du christianisme. M. Fischer revendique la « liberté pour le prêtre protestant ».

Isolé, M. Fischer n'aurait rien changé. Sans mandat ni position officielle, sa parole serait peut-être demeurée sans écho. Mais M. Fischer a cinquante-neuf ans ; il remplit les fonctions de pasteur à l'église Saint-Marc à Berlin ; il est le co-éditeur du *Pastorenblatt*, la meilleure *Semaine religieuse* du luthéranisme libéral ; son talent le désigne au respect ; son influence, à l'imitation ; sa franchise dénote un caractère ; au jubilé de Kant, en récompense de ses services, l'université de Königsberg lui a conféré le titre de docteur. C'est une puissance, et c'est un nom.

Si encore, de par la religion et de par l'empereur, les autorités l'avaient destitué, le scandale ne devenait pas exemple. Lorsqu'un prêtre catho-

lique apostasie, il s'en va ; s'il ne se retire, il est
expulsé. Or, M. Fischer persiste dans son étrange
apostolat ; cet incroyant enseigne le luthéranisme ; cet adversaire de la religion reste le
hérault de la religion ; ce contempteur du rite
baptise, confirme, dispense la communion, visite
les malades, exalte Luther et garde son col clérical. Devant la profonde répercussion, les res-
ponsables ressentaient immédiatement la gravité
historique de cette rupture avec le train ordi-
naire ; mais ils avaient beau regretter « l'attentat » et blâmer le logicien, fier de son acte
d'émancipation, ils n'osèrent prendre une
mesure disciplinaire. Le Consistoire du Brandebourg lui adressa un *monitum*, où il se bornait à
déclarer :

Du moment que ces assertions *(Behauptungen)* donnent
l'impression, non seulement d'un manque de réflexion,
mais encore d'une culture, d'une clarté et d'une maturité
théologique-chrétienne insuffisantes, nous croyons avoir
le droit d'admettre que vous vous trouvez encore à un
stade de développement et de transition d'où, avec l'aide
de Dieu, vous pourrez peut-être arriver à l'intelligence
de la véritable nature de la religion chrétienne. Gar-
derez-vous, au contraire, de façon définitive, votre point
de vue, nous serions obligés d'attendre de votre part la
conclusion naturelle, votre démission volontaire de votre
ministère dans une Église dont vous ne partagez non

seulement plus la foi et la confession, mais que vous-même vous combattez (1).

Sûr de l'impunité, — derrière lui se pressaient des milliers de pasteurs, — l'audacieux révolutionnaire en appela au Conseil ecclésiastique suprême de Berlin. Le Conseil suprême de Berlin parla comme avait parlé le Consistoire du Brandebourg ; son blâme même s'enveloppe de bonne grâce et de douceur ; c'est le même conseil sur un ton différent. De longues semaines s'écoulent, M. Fischer conserve son titre et son poste. A gauche, les prédicants magnifient le courage de M. Fischer, l'affranchisseur, conspuent le Conseil et le Consistoire, les despotes ; à droite, les pasteurs déplorent la faiblesse de l'autorité et le « crime de Cham », de l'apostat.

Cette impuissance et cet abandon de soi étonneront peut-être la loyauté et la logique françaises. Mais ces autorités ecclésiastiques, à supposer qu'elles n'aient point pris langue, connaissent les mollesses du souverain. Malgré ses airs pompeux et ses mises en scène, ses élans généreux et ses hautes conceptions, Guillaume II est un timide et un successif. Il n'agit pas, il parle ; il n'est pas, il devient ; il ne maintient pas, il recule ; il a toujours reculé. Il sait tout. En

____

(1) *Die christliche Welt.* 1905, p. 79.

religion, il possède la même facilité d'assimilation et de changement. Disciple, d'abord, du pasteur Stœcker, il guettait les places vides pour y construire des églises. Elève de M. le docteur Harnack, depuis l'incident de *Bibel und Babel,* il se range parmi les partisans de l'évolution religieuse. Destituer, pour incroyance, serait un délit contre la théorie du développement et du libre examen. Puis, le bannissement d'un Fischer ne marquerait-il pas le signal d'une désertion en masse ? Empereur et Consistoire, gouvernement et Conseil suprême, ont dû sonder le terrain.

Le 3 mai 1905, se tint à Berlin un meeting monstre contre le fischérianisme. Des laïques de tout rang, depuis le dignitaire de la cour jusqu'au camionneur, plus de 6.000 « positifs », applaudirent aux excommunications et aux vœux d'exil. Un officier supérieur, M. von Rohr, nomma la « religion » de M. Fischer, du « paganisme » pur (1).

Les libéraux réunis à leur tour, à Goslar, à la fin de juin, relevèrent le défi et votèrent insolemment la résolution ainsi conçue :

L'Assemblée ecclésiastique nationale *(Landeskirchliche Versammlung)* du 4 mai a proposé aux théologiens libé-

____

(1) *Kirchliche Zeitschrift,* 1905, p. 12.

raux de quitter l'Eglise nationale et d'établir une Église nouvelle, puisqu'ils ne demeurent plus sur le terrain de la confession. L'assemblée générale de la réunion des amis de la *Christliche Welt* oppose à cet ordre de faire sauter l'Eglise nationale, la réponse que les soi-disant positifs ne se trouvent plus eux-mêmes sur le terrain des symboles de la confession, que les mêmes problèmes et les mêmes doutes dont nous sommes émus se produisent efficacement parmi eux, fût-ce sous une forme atténuée.

Le pasteur Rade, le directeur réformiste de la *Christliche Welt,* commente allègrement le sens de cet ordre du jour et souligne l'état d'esprit de ses compagnons de lutte :

Si, s'écrie-t-il avec un geste de défi, si les orthodoxes peuvent nommer un représentant scientifique aujourd'hui en vie et qui s'en tient au texte des professions de foi et des saintes Écritures, qu'ils le fassent.

Nul protestant n'osa relever le gant.

De la provocation les « modernes » passent au réquisitoire contre les orthodoxes qui, eux aussi, semi-transfuges, lacèrent les Évangiles et déflorent les symboles. Acceptent-ils franchement, ces hiératiques, la Tradition ? Non. Dès lors, de quel droit, au nom de qui, nous pressent-ils de sortir de l'Eglise ? Les professions de foi luthériennes ne tolèrent aucune promiscuité avec les réformés pour la Cène : et alors, pourquoi les orthodoxes la pratiquent et l'exigent-ils ? Qui comptera les théologiens professant, dans toute sa pureté et sa lumière, la doctrine fondamentale sur la justification par la foi ? Où se rencontre le « positif » qui n'interprète la Bible au gré de son système et de sa morale ?

Peu à peu le débat s'élève. L'église luthérienne a suivi, curieuse, le dialogue passionné, mais très courtois, entre deux hommes représentatifs : le pasteur Rade et le pasteur Cromer, celui-ci orthodoxe, celui-là réformé. L'antagonisme entre le fischérianisme et l'Église officielle y éclate dans son irréductible profondeur. M. Rade, on le sait, a joué un premier rôle dans la confection et la propagande du ritschlianisme. Ses ouvrages classiques sur les controverses religieuses le désignaient presque d'office à extraire des tortuosités conventionnelles la logique de l'intransigeance guerroyante. Ne croyant pas, mais croyant croire, son témoignage, tout enveloppé encore d'onction, en l'honneur des outrances de M. Fischer, marque distinctement le chemin parcouru.

On jette, dit **M. Rade**, ce reproche aux modernes : « Vous avez une religion nouvelle. » Cette parole masque l'irréflexion ou le manque de conscience. L'Islam a été la dernière religion. Le modernisme est la fille naturelle de l'orthodoxie. La science historique caractérise la théologie contemporaine ; c'est elle qui la constitue. Cette science a grandi particulièrement (*recht eigentlich*) sur le sol de l'Église. A présent, on nous dit : il faut chasser de la maison l'enfant prodigue. S'il résiste, on emploiera la force. Mais nous ne nous laissons point expulser : les adversaires auront à compter avec ce fait que nous restons dans l'Église. Terroriser de pauvres candidats, déposer un ou deux pasteurs, proposer des motions de professeurs aux synodes et aux Parlements, de tels artifices ne créent pas une religion nouvelle. Voulût-on séparer la soi-disant religion nouvelle de la vieille Église, il faudrait, pour cela, destituer par masses les théologiens modernes, bannir aussi de l'Église une foule de laïques. On n'en a ni la puissance, ni le droit, ni même le vouloir... Personne n'a le mandat de protéger la vérité par le bras séculier. Dieu protège lui-même sa vérité, même contre nous. Il est réellement plus fort que nous ; contre nous, il n'a pas besoin de nous (1).

Le pasteur Crome de Hanovre, un vétéran de la foi et de la tradition, aussi versé que M. Rade dans la dialectique religieuse, renverse cet échafaudage du libre examen par de mâles et simples affirmations. Il riposte :

Comment est-il possible que tel nie la divinité du Christ, et qu'en même temps il s'autorise à demeurer dans une Église qui confesse cette divinité du Christ ? Il y a là moins une affaire de droit ecclésiastique qu'une question d'honnêteté et de franchise. Ou bien, comment envisa-

(1) *Christliche Welt.* 1905, p. 101-106, 245.

gez-vous l'avenir de l'Église ? Une communauté, dont les membres religieux prient encore Jésus, doit-elle souffrir réellement que leurs prières soient condamnées du haut de la chaire, comme de l'idolâtrie par les élèves de MM. Wiener et Bousset (1) ? Une telle communauté doit-elle vraiment être livrée à tout l'arbitraire de votre pasteur hautement éclairé et savant ? Le matin de Pâques, un ancien croyant pourra-t-il dire peut-être à la paroisse : « Le Christ est vraiment ressuscité » ; le soir de Pâques, un homme tel que M. Schwab, que nul égard ni lien n'enchaîne, clamer dans la même Église, comme il l'a fait à Brême : « C'est là un infâme mensonge » ? Que serait-ce, sinon l'anarchie pure dans le domaine ecclésiastique ? Vous écrivez : « Personne n'a réellement le mandat de protéger la vérité divine par le bras séculier. Dieu protège lui-même la vérité, même contre nous. » Très bien. Mais ne serait-ce pas du fanatisme turc, si les autorités de l'État se laissaient dire par des anarchistes et des nihilistes : « Dieu protège l'humanité, même contre nous. Si nous errons, nous ne tiendrons pas le haut du pavé » ? Ou bien, des administrations sanitaires octroyeraient-elles libre cours à toutes les épidémies, ou même aux méchants empoisonneurs des fontaines, par la raison : finalement, triomphera la saine nature humaine.

Tendre une main fraternelle et accorder dans notre Église le même droit de cité à ceux qui renversent la base légitimement existante de l'Église, ou au moins l'ébranlent, nous ne le pouvons. Nous devons prier et supplier : plus de lumière ! Combattez à visage découvert !

(1) Deux théologiens nettement antireligieux.

Ennemis de notre foi chrétienne, corrompue selon nous, fondez une nouvelle communauté religieuse.

Ce duel *inter parietes domesticos* traduit en un tableau saisissant l'hétéronomie intérieure du luthéranisme. Un abîme sépare ces deux mondes. Si les défenseurs trébuchent dans l'affirmation de la foi, les démolisseurs du temple ne sauraient justifier leur droit de cité.

II

Les progrès du Riennisme.

Pendant que ces escrimeurs jetèrent leur en-
crier, les uns à la face du diable, les autres à la
face de Dieu, le fischérianisme se répandait comme
une tache d'huile. Forts de leur droit théorique,
les orthodoxes, en fait, n'ont rien obtenu, tandis
que les révolutionnaires ont gagné la bataille
contre le christianisme lui-même. Ils ont conquis
la liberté d'enseignement, dans la chaire et au
catéchisme. Le « riennisme » devient la loi doctrinale, la règle de conduite de toute la gauche
protestante. Des congrès et des revues, le nouvel
évangile a pénétré les couches indifférentes. Journaux juifs, organes radicaux, publications sati-
riques, tous saluent le mouvement comme une
aurore et une renaissance. Il y a cinquante ans,
David Strauss, le modèle d'Ernest Renan et son
prédécesseur, brossait à larges traits le portrait
et l'idéal du luthéranisme futur. Dans ses *Halben
und die Ganzen*, il prédisait le triomphe de la
logique contre les biaisements de l'orthodoxie ;
et, dans son *Alte und neue Glaube*, il substituait

à l'enseignement du christianisme, le culte de l'art, de la science et de la littérature. Son rêve s'accomplit à la lettre. Sur les brisées de M. Fischer, les prédicants transforment leur ministère en une succursale des humanités. A Cologne, le prédicant Jatho, celui qu'on surnomme le « feu follet du Rhin », prêche le paganisme dans toute sa crudité (1). Les orthodoxes déversent sur lui leurs colères impuissantes, répètent volontiers le gémissement de leur vieil ami, M. Glage, de Hambourg : « Le mensonge dans les chaires est pire que le manque de chaires (2). » Le pasteur Burggraf, de Brême, fait du prône une espèce d'écholalie littéraire. Au temple de Saint-Ansgar, à Brême, il a prêché, cet an, un cycle de prônes sur les pièces de Schiller. « Le protestantisme n'est qu'une série et une collection de formes religieuses de la libre pensée (3). » Au delà du Rhin, il tourne à l'académie. Le Vendredi saint, par analogie, sans doute, il a expliqué le drame de *Maria Stuart*; à la Trinité, son exploration mystique s'est étendue au *Lied von der Glocke*. Christophe Colomb a posé en Jésus, le deuxième dimanche de Pâques. Ce n'est pas tout. *Sunt*

---

(1) Cfr. *Pastoralblatt*. Cologne, 1905, n° 8 ; cette *Semaine religieuse* a publié des échantillons de ces sermons.

(2) *Notschrei an die Christen*, Hambourg, Hérold, p. 13.

(3) Gabriel Monod, *Revue historique*, 1902, p. 103.

haustus primi, sunt secundi, sunt tertii. Un matin, il s'exerce à l'apologie de Karl Moor, le brigand sauvage des *Räuber* du même poète. Plus idyllique que les prêtres de la déesse Raison et les orateurs théophilanthropes, M. Burggraf exalte la grandeur sombre du héros. Il s'excuse de son audace.

Chère communauté, dit-il, le poème des *Brigands* de Schiller en chaire ? Plusieurs se le demanderont... Ce Karl Moor, dans ses actes et ses faiblesses (*Lassen*), peut-il devenir en quelque façon l'exemplaire sympathique de la jeunesse : pour le progrès moral ?... Ne voir en lui que le brigand, serait de l'étroitesse et de la myopie d'esprit.

Le Révérend commenterait volontiers le vers de Victor Hugo :

Les charmes de l'horreur n'enivrent que les forts.

Ce sport littéraire au temple déchaîna, ici, la curiosité, là, l'indignation. L'organe officiel de l'orthodoxie, la *Lutherische Kirchenzeitung*, proteste sur le mode vitupératif :

A la lecture, la rougeur de la honte monte au front, moins à cause de la profanation de la chaire, que pour la déconsidération du pastorat évangélique. Une figure de théâtre, objet d'un sermon ! En réalité, l'Église des modernes se vide. Moïse s'en va ; les prophètes s'en vont ;

les apôtres sont renversés ; du Christ, il ne reste que le vêtement humain dont il se couvrait. Voilà comment, dans le temple désert, on dresse d'abord Schiller. Gœthe et Lessing suivront ; peut-être, Schopenhauer, Nietzsche, Haeckel et G. Hauptmann. Critiquez-vous le scandale, des milliers de mains se lèvent : « Liberté pour le prêche protestant. »

Et cela, pas uniquement à Brême. Dans son *Ancienne et nouvelle foi*, D. Strauss proposait, en manière d'éducateurs religieux, Beethoven, Bach, Gœthe, Shakespeare, Dante, etc. Les pasteurs ont un choix plus copieux et moins sévère.

Les lauriers du pasteur Mauritz font pâlir la gloire du pasteur Burggraf. Libéral modéré d'abord, *Christozentrisch* (1) ; ensuite, évolutionniste ; puis, moniste ; bientôt panthéiste et « déophobe », il parsème ses prônes d'idyllismes, de tirades sur l'art, d'apologies échevelées du soleil, de la montagne, des beaux tableaux, quand il ne lance pas ses tonnerres contre l'Église, le dogme, le culte.

Le dimanche de la Passion, le prophète du nihilisme moral s'écrie :

Le soir de la Pâque juive arrive, et, dans le cercle de ses amis, Jésus se sent de nouveau à son aise. Il leur

_____

(1) Cette appellation, familière aux pasteurs, signifie le rôle du Christ médiateur.

apporte le pain ; il (1) lève le calice, le fait circuler parmi les siens, qui le regardent de leurs yeux brillants. Combien de fois ne parcourt-on, incompris et attristé, les rangs de ses partisans, sans rencontrer le mot juste, mais (2) au son des verres, les yeux dans les yeux, la parole exacte se découvre, et longtemps on ressent les émotions éprouvées à de telles heures. Voilà la signification de la Cène. Il n'y en a point d'autre. C'est un usage catholique de notre cathédrale de Brême, c'est une abomination d'en faire une cérémonie religieuse, lorsqu'un prêtre, debout à l'autel, attire par troupe les hommes, pour leur distribuer le pain et le vin. C'est épouvantable !

Logicien impétueux, M. Mauritz transpose ses théories dans son ministère. Grâce aux révélations de trente pasteurs de Brême, le Sénat ouvre une enquête sur les odieuses singularités de son pasteur. On découvre que M. Mauritz se prive d'eau au baptême ; qu'il administre le sacrement comme une simple formalité : qu'il se sert de formules antichrétiennes, etc. Interpellé, le pasteur fischérien confesse que, strict observateur du rituel, il avait débuté par la prière sacramentaire, mais que des scrupules de conscience l'en avaient ensuite détourné. Il avoue qu'il a baptisé « en considération de Dieu, qu'avec Jésus nous

(1) Le *Reichsbote* raconte qu'à ces mots le prédicant « prit une voix stridente ».

(2) Mêmes cris.

appelons Père ». Puis, il a baptisé « en considération de Dieu l'unique, en lequel nous vivons,
nous nous mouvons et nous sommes, celui que
l'Église chrétienne surnomme le Père, le Fils et
le Saint-Esprit. » D'autres excentricités suivirent.
Ainsi, il aurait « baptisé au nom du Bien, du
Progrès et de l'évolution (1) ».

Cette profanation ne s'explique-t-elle point par
le discrédit où le protestantisme ne s'arrête de
descendre ? Le pessimisme de Schopenhauer,
l' « inconscience » de E. von Hartmann, la sau-
vagerie païenne de Stirner, l'olympisme de
Nietzsche, font fleurir, au delà du Rhin, je ne
sais quel mépris, quelle haine extravagante à
l'égard du christianisme. Croire est considéré
comme une déchéance, et le dire, c'est se marquer
d'un stigmate d'être inférieur. Dans un de ses
derniers articles, M. Frédéric Paulsen, le « philosophe de l'avenir », trace un tableau lugubre de
cette dégénérescence à la Nordau. A l'entendre,
l'Allemagne traverse une crise morale pareille
au vertige irréligieux du dix-huitième siècle en
France. C'est le même flottement de toutes
choses, moins la joie de vivre. Cette atmosphère
morbide et véhéneuse a mûri un pessimisme noir,
non le pessimisme tragique de Schopenhauer,
source de virilité et de génie, garantie de renais-

(1) *Die Christliche Welt*, 1905, p. 544.

sance par l'effort héroïque, mais le pessimisme dilué, principe d'aboulie et d'adynamie, aigreur de l'âme et désarroi de l'esprit (1).

Ce dédain du christianisme explique le sacrilège du pasteur Mauritz et la complicité du public ; il les crée. Prenez Lille, prenez Toulouse, Madrid ou Vienne, ce mélodrame clérical aurait pris des dimensions inouïes, et, dans le monde entier, l'émoi aurait secoué l'indifférence. A Brême, au sein du luthéranisme, il ne dépasse guère la portée d'un fait divers. Le Sénat annule les baptêmes. Or le billet du sacrement facilite l'entrée aux carrières publiques. Et cet avantage pousse les familles, fussent-elles hostiles, à porter les enfants au temple. Le Jean-Baptiste de Brême, après avoir recouru aux formules laïques, pour tranquilliser sa conscience, envoie une circulaire aux parents, se déclare prêt à renouveler le baptême dans les conditions requises, rassure, intercède, se range. Mais les pères de famille, réunis en assemblée extraordinaire, récusent unanimement la reprise de l'opération ; ils votent au profanateur des actions de grâce, réclament du Sénat le retrait de sa mesure.

Les journaux amusants s'emparent du vaude-

(1) Cfr. *Nietzsche und die deutsche Cultur,* par Albert Lang Köln, Bachem.

ville (1). Les tenants de l'orthodoxie se voilent la face, d'autant que le fischérianisme monte à vue d'œil. Ils signalent tel pasteur qui nie l'existence du Christ (2). Ils dénoncent un autre qui propose à l'école le bannissement du catéchisme ; ils se signent avec épouvante devant les essais de vulgarisation libérale à l'usage du peuple. Car, à la manière des philosophes du dix-huitième siècle, les novateurs sont possédés de la folie du missionnaire laïque ; ils portent leurs négations féroces dans la chaumière. C'est ainsi qu'ils fondent des bibliothèques populaires irréligieuses. A Marbourg, la maison Michel Schiele publie, à cet effet, une série de *tracts* sur l'histoire du christianisme. Dans la *Chritstliche Welt* (3), M. Lepsius marque exactement l'esprit de ces productions :

Que nous reste-t-il du Jésus de l'histoire ? tout d'abord le fait qu'un Juif pieux, du nom de Jésus, a réellement existé, fait que la science ne saurait infirmer ; puis quelques propos, fables et anecdotes, qu'on ne peut dérober à ce Monsieur ; enfin, l'épisode scientifiquement établi, que cet homme a été exécuté, enseveli, et que son corps repose encore dans sa tombe. Il y a aussi quelque

(1) *La Jugend* raconte ce trait : « Je me suis fait baptiser » s'écriait un Juif : « Par le pasteur Mauritz », fut la réponse.

(2) Le docteur Kaltkoff, dans son « Problème du Christ ».

(3) 1905, p. 638.

chose à ajouter sur les causes de sa mort, par-dessus tout,
qu'il n'en a pas été lui-même innocent. Une erreur
enthousiaste l'a fait chuter ; ç'a été une part de cette
illusion, qui renferme l'idée du Messie et qui s'est
étendue à lui. Par là, malgré la piété de sa vie, Jésus a
été la victime du conflit entre le contenu et la forme de
sa conscience.

Paix à ses cendres !

Les libéraux comptent aujourd'hui la majorité.
Où les orthodoxes dominent et molestent les
négateurs, les Fischériens proclament la grève
et pratiquent la politique de la faim. A la conférence continentale des missions, à Brême, le
29 mai-2 juin 1905, fréquentée par quinze maisons
étrangères et quatorze allemandes, l'Assemblée
excluait les libéraux de l'apostolat. M. Rade
riposta : « Restez entre vous ; nous, nous vous refu-
sons les vivres (1). » Cette discorde arrête le recru-
tement sacerdotal. Chaque année marque une
régression. Contre 2.258 séminaristes catholiques
se comptent 2.136 théologiens luthériens, en un
pays où l'Église romaine ne forme que le tiers
de la population. Ces étudiants en cravate noire
sont chaque jour davantage oublieux des ques-
tions bibliques, dédaigneux du dogme, légère-
ment teintés de socialisme nuageux, passionnés

(1) *Die Christliche Welt*, 1905, p. 590-592-712-714.

pour un seul point : le corps à corps de la *Ligue évangélique* avec Rome, amants d'art, de musique et de belle littérature, buveurs de bière et passablement incrédules (1). Contre cette impuissance organique, les remèdes sont vains. Le scepticisme et la science, toutes les pesées de l'époque actuelle soulèvent les esprits contre la religion. Les munitionnaires généraux de la théologie, Harnack, Bousset, Rade, Pfeiderer, Gunkel, Wernle (2), etc., exigent l'abolition définitive de tous les « mythes d'Orient », et cela au nom du protestantisme, dont l'existence y serait engagée. M. Jacques Schmidt va jusqu'à écrire en ce sens : « Nous sommes arrivés à une heure décisive : le protestantisme périra-t-il vraiment par le protestantisme ? »

(1) *Der Kirchenfreund*, 1905, p. 141, récit du professeur Orelli Max, de Bâle.

(2) *Preussische Jahrbücher*, t. CXV, p. 2.

III

Les procédés du Riennisme.

Le théologien Rœmer prêche à Remscheid,
près le Rhin, son prône de candidature à la
paroisse. La communauté, prenant des sûretés,
lui désigne elle-même le texte et le sujet sur la
divinité du Christ. Mis en demeure, mais nettement incrédule, le candidat, non seulement nie
le dogme, mais le fait remonter aux origines
gréco-païennes. *Fils de Dieu!* ce mot n'est
qu'une « image » et un « symbole » ; il signifie
« l'élu de Dieu », comme vous et moi. La que-
relle se déclare ; interpellés, le Consistoire et
la présidence du Synode provincial, à Coblence,
refusent l'investiture. Les pasteurs, les univer-
sitaires et les théologiens, tous s'enflamment.
C'est un attentat contre la science et la liberté de
la chaire, assurent les uns ; les autres : « Vers
quelle Église allons-nous ? » Le pasteur Rade,
d'une plume félicite le libéralisme de M. Rœmer,
d'une autre le gronde paternellement de traiter
un « objet scientifique ». Au Consistoire, il prodigue (1) les durs reproches.

(1) *Christliche Welt*, 24 janvier, 1906.

Plus de théologie en chaire, plus de décisions dogmatiques, puisque le « Consistoire n'est pas compétent », au temple, plus de religion confessionnelle.

Le candidat réclame « le droit, pour les modernes », de porter la science devant la paroisse. Cette mesure disciplinaire si naturelle allume un incendie. Le 18 janvier 1906, à Cologne, devant douze cents auditeurs, — des centaines ne purent trouver place, — le professeur Geffcken de Cologne, le professeur Grafe de Bonn, le pasteur Jatho de Cologne, le juriste Prüssmann de Remscheid, le professeur Guttmann de Dortmund, d'autres encore, toute la bigarrure du luthéranisme, enfin, organisant une manifestation, clouent au pilori le Consistoire et la présidence synodale. Au nom de la critique, de l'université inviolable, le professeur Grafe sonne l'alarme, conclut à la mort de la science, à l'esclavage universitaire, si l'autorité religieuse s'arroge cette magistrature !

Dans ses controverses avec le consistoire de Coblence et le pasteur Rœmer, par une contradiction bizarre, le théologien Rade développe (1) une singulière théorie sur le pastorat. Suivez la science, dit-il, mais ne la portez pas en chaire, où il suffira de nourrir la foi et le sentiment reli-

____

(1) Il avait contre M. Cromer soutenu le droit contraire.

gieux. Envers qui ? Dieu ? on n'y croit plus. Jésus-Christ ? On nie sa divinité. La Bible ? C'est un livre humain. Le christianisme ? Pur stade du développement de l'esprit. L'Église ? Elle n'est qu'un établissement ecclésiastique. « Soyons prudents, » dit M. Rade. « Soyons sincères et probes, » réplique M. Rœmer. A tout dire, ces pasteurs ne vivraient-ils que de « l'ombre d'une ombre (1) » ?

Si fervente s'exerce la libre pensée des pasteurs, qu'ils la parent du roman. *Hilligenlei* (2), modèle du genre, en ses derniers chapitres, raconte la « légende » de Jésus, révolutionnaire naïf et bon, figure empruntée, ici, à Strauss, là, à Renan, espèce de Masaniello oriental. Son auteur, le pasteur Frenssen, dans son *Jœrn Uhl,* avait conquis l'audience du public. *Hilligenlei,* en un éclair, monta aux cieux. Dès les premiers jours, cent mille exemplaires marquent la popularité du livre, de l'esprit du livre, dit-on. Qui jamais s'est arrêté devant la vitrine d'une librairie allemande, se rappelle l'innombrable « littérature » sur cette « humanisation » de Jésus, cette « déification » de la nature.

Les protestants, en tous lieux, accusent l'Église romaine, on le sait, de dénier au prêtre, voire au laïc, l'indépendance politique. Or le Consistoire

(1) Renan.
(2) Veut dire *Terre Sainte,* mot du dialecte au Schleswig-Holstein.

supérieur de Darmstadt vient, en juin dernier, de censurer un pasteur hessois, Korell, pour n'avoir point combattu le socialiste. Candidat pour le Reichstag, le pasteur, paraît-il, aurait dû faire élire le concurrent national libéral. Là-dessus, tapage, scandale. Et cette prétention paraît si exorbitante, que les journaux marquants du parti libéral, le *Leipziger Tagblatt* et la *National Zeitung,* blâment vivement l'autorité ecclésiastique. Le pasteur Rade, humilié : « Dieu veut-il, gémit-il, le naufrage de nos Églises évangéliques nationales ? On le dirait, car il obnubile la raison de ses chefs (1). » Qu'en pense l'empereur ? Dès 1892, n'a-t-il pas défendu à « son Église » le souci des réformes sociales, l'accession à la démocratie ?

Une protestation du pasteur Emile Fuchs contre le Consistoire mérite l'attention. Il s'appelle le représentant de toute une classe de prédicants. A l'entendre, le pasteur Korell de Kœnigstaedten a « délivré » les âmes. Si la démocratie monte à vue d'œil, l'Église évangélique n'assume-t-elle pas la majeure part de responsabilité ? N'est-elle pas la mère de la Révolution, abandonnant la foule, le monde ouvrier qui, délaissé et combattu, a embrassé avec ferveur la « nouvelle religion » ? Le luthéranisme n'a rien su prévoir ni comprendre.

(1) *Christliche Welt,* 3 juillet 1906.

Contre l'intérêt de la caisse (1), M. Korell n'a-t-il pas amoindri le « péché » de (2) l'Église ?

Le 14 novembre 1906, le Conseil supérieur ecclésiastique du Consistoire de Munster, en Westphalie, refuse de reconnaître le choix de M. César à la paroisse Reinoldi de Dortmund. Le « cas César » est caractérisé. Toute la paroisse le nomme ; nulle protestation. Le prône d'admission, d'un souffle « libéral », n'offre aucun intérêt. Pourquoi le Consistoire de Munster s'ingère-t-il dans cette élection ? Pourquoi, unanimement casse-t-il le vote unanime de la paroisse ? Et pourquoi, en réponse à l'appel, unanime lui aussi, sauf une voix, le Conseil supérieur de Berlin fait-il sienne unanimement la sentence du Consistoire de Westphalie ? Mystère ! Les pasteurs se consultent, s'agitent. La « sécurité de l'Église nationale » en péril ; le « droit » du pasteur menacé ; la « liberté de croire », remise en question ; l'avenir gros de nuages : quel tumulte ! Dans sa Revue le pasteur Rade s'exalte. « On peut, conclut-il, attendre avec calme le développement de l'affaire. Car on ne saurait faire ce que fait le Consistoire. » C'est, on le voit, la révolte. Dans

____

(1) *Geldbeutelinteresse.*

(2) **Voy.** aussi, dans la *Chronick* de Tübingen, la lettre de M. le docteur Schloesser, ainsi qu'un article des *Neue Evangelische Blaetter* de Hesse : *Pasteur et politique.*

la *Gazette de Francfort* (1), le docteur Karl Schrader s'écrie : « Rien n'est fini. Nous ignorons ce que fera la paroisse Reinoldi ; mais ce qui est clair, c'est le devoir de la pluralité des membres de l'Église nationale : ils devront protester avec toute énergie, empêcheront que ces épisodes ne se renouvellent. »

Le divorce des pouvoirs et des responsabilités s'ente de la sorte sur le choc des idées. Généralement, les exceptions sauves, la hiérarchie pratique la longanimité, le laisser croire et le laisser faire. Comme l'empereur, ne pouvant faire autrement, elle observe la magnanimité. Si le « cas César » inaugure une réaction contre le confusionisme, nous assisterons à un ébranlement dont l'imagination peut d'avance se repaître. La paroisse contre le Consistoire ; les pasteurs contre le Conseil supérieur ; les laïques rangés presque unanimement autour de l'élu pestiféré, contre le Consistoire et le Conseil supérieur ; peut-être même, car tout devient possible, l'ingérence de l'empereur ; enfin, telle Église de tel État protégeant rebelle contre l'autorité directe : le désordre du gouvernement couronnerait le désordre de la doctrine (2). L'heure des impossibilités approche.

(1) 25 novembre 1906. N° du matin.

(2) On trouve tous les documents dans la *Chronicle* de Tubingen, N°° 32 33.

De la négation du dogme au mépris du Décalogue, la descente est rapide. La « science » luthérienne, libre penseuse, longtemps il y a, franchissait le pas, depuis le plus modeste *Privat docent,* jusqu'au maître des moralistes, M. Paul Rée. Rien de plus naturel. Dieu disparu du ciel, sa loi s'éclipse sur la terre. La science constate, elle ne forme pas. La pédagogie est la fille de la morale, nullement de la science. Ce qui paraîtra plus surprenant, ce qui éclaire d'une lueur sombre l'agonie du luthéranisme, c'est que le pasteur lutte d'envi avec le « savant » contre la loi du Christ et la raison. A entendre le docteur Maurenbrecher (1), le théologien du temple permet le mensonge, au moins à l'homme politique. L'*inobligation de la morale* (Unverbindlichkeit) : voilà la formule. Qu'elle fleurisse et s'étale dans les catéchismes des Mauritz, des Steudel, des Kalthoff et de leurs pairs, que cette dernière étape du protestantisme rassemble les logiciens outranciers, qui s'en étonnerait ? Mais l'épidémie dévore jusqu'aux meilleurs. Social, très haut d'esprit et de cœur, promoteur d'un large mouvement d'évangélisation, le pasteur Naumann verse sur le Décalogue jusqu'au sarcasme. Quelle morale, s'écrie-t-il, obligerait ? Entre le docteur

(1) *Christliche Welt,* 5 juillet.

Borgius et le kantien Drill (1), dans la *Hilfe* se déroule une controverse en forme sur l'*inobligation*. Celui-ci s'en tient encore à l'impératif catégorique du maître; celui-là fonde une « morale nouvelle », celle de l'intérêt. Or, la *Hilfe*, la *Semaine religieuse* sociale des pasteurs, à M. Drill préfère M. Borgius !

Parfois, assistant à l'émotion des orthodoxes, à leurs témoignages de gratitude, envers un ouvrage du docteur Adolphe Harnack, si « libéral » et rationaliste convaincu, je m'enquérais des sources de cette allégresse bizarre. Le *Türmer*, la grave Revue de Stuttgart, livre le secret : le christianisme tombé dans le mépris, toutes les folles négations se donnant libre cours, c'est une quasi-consolation de voir un savant célèbre prouver le fait historique de l'Evangile.

Le luthéranisme croyant est devenu, lui-même, une simple école de disputes : Babel immense où les architectes s'invectivent et se poussent dehors. Faut-il croire ? Que faut-il croire ? Pourquoi croirons-nous ? La science permet-elle la religion ? Le christianisme est-il vivant, mort ? Est-il une histoire ? Une légende ? Jésus-Christ a-t-il vécu ? Le Décalogue oblige-t-il ? Tout est point d'interrogation.

(1) Voy. docteur Wilhelm Koppelmann : *Kritik des sittlichen Bewusstsein*, Berlin, Reuther und Reichard.

Cet état d'esprit donne l'essor aux concessions les plus inattendues. Tel théologien orthodoxe, tel pasteur croyant, pour garder l'audience de son peuple, se complaît dans les théories bizarres qui, sous prétexte de critique, outragent la foi plus que les négations radicales. Au cours de son ouvrage sur la religion et les sciences naturelles (1), le prédicateur de la cour de Wurtemberg s'escrime à faire accorder le monisme et la Bible. On ne soupçonnerait jamais la fécondité de ces imaginations. Pour M. Schmidt, le miracle est une « action d'éclat, un tour de force de la nature » (*Krafttat*). Le pasteur Faut ajoute : « La réalité n'est qu'un fait, elle n'est pas de nécessité rationnelle ; elle est, par là, inexplicable, miraculeuse. En ce sens, tout être porte le caractère du miracle. Nous nous trouvons en face du mystère de l'être que la raison la plus pénétrante ne saurait éclaircir (2). » Le docteur Vrede (3) va jusqu'à mettre au même rang la magie païenne et les miracles de la « vieille Église ». Les actes suivent les doctrines. Ayant ignominieusement outragé Jésus, le socialiste Westmaier paraît au

(1) *Das Naturwissenschaftlich Glaubensbekenntniss eines Theologen*, Stuttgart. Max Kielmann.

(2) *Christliche Welt*, 5 avril 1906.

(3) *Wunderglaube im Alterthum und in der alten Kirche*. Gotha. Perthes.

tribunal de Hanovre. Tel pasteur l'accuse, tel
pasteur le protège. M. Rade, le diplomate de la
secte fischérienne, qui accouple si agréablement
la religiosité et l'incroyance, se désole lui-même :
« où allons-nous » ? s'écrie-t-il scandalisé. Des
Semaines religieuses des pasteurs en vue publient,
en suppléments littéraires, des comptes rendus
favorables sur la *question sexuelle* du docteur
Forel, en Suisse ; ouvrage licencieux, pornogra-
phique, où l'insolence immorale, montant au dernier degré, le dispute au riennisme le plus
échevelé !

Le duel hargneux entre les « positifs » et les
« libéraux » a déterminé le superintendant
Krükeberg et le pasteur Rade à établir une zone
d'entente par le « christianisme pratique ». Là
se décidera quelle sera la véritable religion, dans
la « lutte de la foi qui s'exerce dans l'amour ».
Le chrétien se « reconnaîtra aux œuvres de
charité chrétienne, aux travaux d'utilité publique,
au zèle pour l'évangélisation, etc. » Voilà la fin
du luthéranisme.

Les pasteurs, non contents de « purifier » le
christianisme, réclament le nettoyage d'Israël.
Sur l'*Essence du christianisme* de M. Adolphe
Harnack, un rabbin de Berlin, M. Eschelbacher (1)

---

(1) *Le Christianisme et le Judaïsme*, Berlin 1906.

édifie tout un système de réconciliation entre le Talmud et la Réforme.

Si les chrétiens, — ainsi raisonne l'écrivain, — de leur *Credo* élaguent les emprunts grecs : la Trinité, la Divinité de Jésus-Christ ; si, ensuite, de l'Évangile, ils biffent les miracles, la résurrection, rien ne sépare les deux cultes. Tout ce qu'offre le christianisme de bon et de saint se rencontre dans la Loi. Le pasteur (2) Fiebig embrasse ce rameau d'olivier, sous le bénéfice pourtant que les Juifs « critiquent leur révélation, la dégagent des scories et des étroitesses ».

(2) *Christliche Welt*, 4 octobre 1906.

IV

Les laïcs et le Riennisme.

Dans cette universelle dispersion des esprits,
les pasteurs n'en veulent plus aux laïcs de rédiger
à leur façon des cours de théologie.

Deux ouvrages récents (1) marquent cette
collaboration. Le premier, anonyme, paraît
moins une profession de foi qu'un journal intime.
L'auteur a souffert, et ne s'en cache guère. Elève
du pasteur Stœcker, il méprise théologie et théologiens. L'esprit de contention, le dogmatisme,
le raisonnement outrancier, l'étroitesse d'esprit,
l'intransigeance ; et puis, les passions de la tête,
le désir de domination, l'infaillibilité des « pié-
tistes » ; cette pédagogie, enfin, mi-sournoise, mi-
omniprésente, extérieure à l'homme et le tyran-
nisant, du temple l'ont conduit au criticisme
maximal. La théologie, voilà le mal ; le christianisme, c'est l'erreur (2).

(1) *Des jours du crépuscule des dieux*, Berlin, H. Seemann ; puis,
Méditations actuelles, par le docteur Wilhelm Meister, Berlin, Schrit-
tenverkaufsanstalt.

(2) Dans cette sorte d'autobiographie, où abondent les maximes, il
y a des mots profonds. « Toute grandeur, toute vérité, que nous
pénétrons, est simple jusqu'à l'étonnement. De là, le compagnonnage
entre les enfants, les génies et le peuple. Par ainsi fut naïve et
géniale, simple et grande, la nouvelle de Jésus. »

Le docteur Meister, jadis *Landrat*, représente, lui, l'orthodoxie stricte et inaccessible, ce qui, à Berlin, se nomme *Muckerthum* (1). Nous connaissons cet esprit, mêlant au dogme les systèmes, les doctrines d'école, jusqu'à les imposer au même titre ; contemplatifs et distants, agressifs et inquisiteurs, ces théologiens attirent sur l'Evangile des vitupérations et des antipathies d'autant plus irréconciliables que le libre examen contredit ces mœurs intellectuelles. Ce livre éclaire quelque peu la controverse des pasteurs sur la genèse du paganisme luthérien.

Les laïques militants, eux, se groupent, en général, à l'heure des combats, autour de la libre pensée, de la critique. A chaque congrès des instituteurs, le compte rendu signale leur aigreur, la profonde et universelle aversion pour la religion et la paroisse. Le pasteur Pohlmann avoue la « syncope et l'impuissance de l'Église (2) ». Résumant la lettre et jugeant l'esprit de ces assemblées, il constate que la « masse des instituteurs ne veut plus de l'Église ». École libre ; enseignement laïque ; indépendance vis-à-vis des pasteurs, de la hiérarchie ; horreur de « l'autorité » et de « l'orthodoxie » : pendant qu'au sud et au nord, la politique officielle se fait « cléri-

(1) En Suisse, *Mômiers*.

(2) *Christliche Welt*, 28 juin 1906.

cale », le laïcisme, les maîtres d'écoles devenus frondeurs, irréligieux, revendiquent la délivrance. Gare l'insurrection ! le jour où le *Kaiser*, les pesées de l'intérêt national ne maintiendront plus l'orientation présente.

Voici la *Ligue allemande pour l'école laïque*. De Charlottenbourg, où le docteur Rodolphe Penzig rédige les *tracts*, et de Gottesberg, où ils s'impriment, elle sonne le boute-selle général contre les deux pouvoirs. Soustraire l'école et l'éducation à toute direction, abroger le catéchisme, lui substituer le manuel civique, abdiquer le dogme et le christianisme ; au nom de la science, établir le culte de soi par soi-même ; sur les ruines de toute religion, conquérir la « fine culture » avec l'atticisme des « formes » : ce programme, se réalisant, « vaincra l'autorité », brisera « l'odieux système de répression (1) ».

L'autorité ecclésiastique préparant enfin une orientation dogmatique et disciplinaire, les laïcs « libéraux » prennent peur. Le *Deutsche Protestantenverein*, en septembre 1906, publie un appel aux Luthériens. L'Église prussienne, proclame-t-il, « entend imposer le caractère obligatoire des vieilles confessions réformées ». Cette intransigeance forcerait les pasteurs probes et sin-

____

(1) *Flugblatt*, n° 3, par le professeur Wilhelm Foerster, Charlottenbourg, août 1906.

cères ou à « quitter le métier », ou à « mentir en chaire ». Les laïcs ne le toléreront jamais. Il faut donc, par les élections, faire entrer des hommes sûrs au synode national. Voilà de nouveaux motifs de conflits.

La *Société évangélique des femmes* ouvre une campagne de pétitions, pour obtenir le droit de vote, l'accession au gouvernement de l'Église. Ces pétitions varient. La pétition aux synodes provinciaux de Saxe, Brandebourg et Poméranie réclame « l'admission des femmes aux conseils de fabrique, pour l'exercice et la direction de la charité ecclésiastique », puis le suffrage pour les femmes, à partir de vingt-quatre ans. La pétition au synode national de Hanovre répète les deux postulats, en ajoutant : « Pour la recherche des besoins spirituels des pauvres, le soin des enfants, des vierges, des miséreux. » La pétition aux synodes provinciaux du Rhin et de la Westphalie tend au « droit de vote passif et actif », à la faculté de devenir membre des conseils de fabrique, à la collaboration avec les diacres pour le ministère de la charité et de la bienfaisance. Ainsi de suite. Entre ces dames, une polémique s'engagea bientôt sur le caractère de ce co-gouvernement (1). Que feront les synodes?

(1) Voy. celle de Paula Müller et de Marie Martin, *Christliche Welt*, 24 janvier 1906. Puis, *Evangelische Frauenzeitung*, 3ᵉ année, nᵒ 4.

V

Les combats du Riennisme.

Présentement, le docteur Hornesser, condottiere de Zarathustra, en un cycle de conférences, apporte à l'Allemagne de Luther la « religion de l'avenir », la « religion nouvelle ». Est-il besoin de le dire ? Cette religion, c'est, si je puis dire, l'Olympisme de Nietzsche. M. Hornesser admire le moyen âge, qui avait du « style » parce qu'il avait une « religion ». Il flétrit le vingtième siècle de son manque de « style », c'est-à-dire de « religion » (1). « La moralité, elle aussi, dépend entièrement de la religion. » L'Europe se meurt d'irréligion. « Haut les cœurs ! l'heure d'une grande entreprise a sonné. Une œuvre hardie et fière, encore voilée et incomprise, réclame des hommes d'action. Voici l'occasion de faire preuve de courage. » De là, rompant en visière avec Luther, la Réforme, l'Eglise, la philosophie; reniant Kant, Fichte, Hegel, Hartmann, Schopenhauer, M. Hornesser ajoute à la « liberté de l'esprit » la « liberté du cœur ». Voilà la « religion nouvelle ! » « Suivre la nature », se « donner soi-même son idéal » ; « agir en toute liberté ». Les « héros » modernes, à la suite des pasteurs de Brême et de M. Hornesser, continueront

(1) Aussi du même auteur . *L'idéal classique*, Leipsig, Zeither.

les héros d'Homère. Les dieux ressuscitent.

En France, l'odyssée de M. Hornesser susciterait la douce hilarité. Au delà du Rhin, elle produit le tumulte. A Cassel, par exemple, la population se tient comme sous les armes, non pour le charme de la nouveauté, mais à cause du « combat du nietzschéen contre les pasteurs ». C'est M. le docteur Rittelmayer qui en fait la remarque. Toute une « littérature » a surgi dans la ville : *M. le docteur Hornesser et l'exode,* par le professeur Sunkel ; *le Nouveau paganisme,* par M. Berglis ; *Au pouvoir de M. Hornesser,* par le capitaine Werlitz ; *Au delà de Nietzsche et de Hornesser,* par Louis Wolff.

Dans un récent discours à Cassel même, M. Hornesser a répondu aux deux premiers écrits, promettant que si les « actes » suivaient l'enthousiasme, il se rendrait dans cette ville « toutes les trois semaines ».

Le docteur Rittelmayer conclut son rapport : « Le succès du docteur Hornesser, à Cassel, montre, une fois encore, quelle somme de haine et d'hostilité contre l'Église s'est successivement accumulée. Des médiocres, tels que M. Hornesser, deviennent des « héros » par la simple raison qu'ils combattent le luthéranisme. »

Cette agitation donne lieu à des épisodes bizarres. Ainsi, au Wurtemberg, le pasteur

Wilhelm Schrempf, dans une profession de foi publique, se demande s'il sautera le fossé. Je suis, dit-il, pasteur ; n'ayant voulu baptiser selon le rite, le Consistoire me dépose. Aux supérieurs, j'envoie sur mon état d'âme un minutieux rapport, avec cette conclusion : Suis-je encore d'Église ? Nulle réponse ; j'attends encore. Sortirai-je ? ne sortirai-je pas ? Puis il examine ce que c'est que l'Église : il ne le sait ; il nie toute autorité ; il ignore ce que c'est que l'autorité.

Dernièrement se fondait avec fracas, à Brême, l'antique cité opulente, le club du monisme, sous la présidence du docteur Kalthoff, du pasteur Frédéric Steudel et du pasteur Mauritz. Les « libéraux », les rationalistes se signent eux-mêmes. C'en est fait, s'écrie le pasteur Burgraff (1). Voilà « le glas funèbre » de l'Evangile et de la Réforme. Le luthéranisme se meurt, est mort. Il déclare, lui, le prédicant sans foi ni Christ que, désormais, tous les « ponts s'écroulent ». On prêchera — oh ! scandale — on prêchera dans les trois églises principales de la ville, au nom de Luther et de l'Église, le « matérialisme radical », la « religion de l'irréligion », le mépris du christianisme, mépris âcre, vitupératif, joyeux et sonore, ce mépris que ni Julien l'Apostat, ni Celse, ni Diderot, ni Nietzsche lui-même,

____

(1) *Christliche Welt*, 19 avril 1906.

n'osaient déclarer. Mépris ! que dis-je ? Ces pasteurs, ce club, ignorent le christianisme avec insolence, objet de superbe dégoût et d'impudente négation. Le christianisme, voilà l'ennemi. Figurez-vous nos prêtres de Notre-Dame, de Sainte-Clotilde et de Saint-Philippe du Roule proclamer le nihilisme morose de M. Anatole France, la chicaneuse tartuferie de M. Ferdinand Buisson, la *Nana* de Zola, quel bruit ! Cette profanation française pâlirait en regard de cet abaissement germanique, car ces pasteurs, ces disciples de Haeckel, vont au delà de tout ce que nos négations imagineraient.

Le pasteur Kalthoff, mort le 1er mai 1906, a subi les honneurs littéraires de son collègue, le pasteur Burgraff, curé de Saint-Ansgar, à Brême. *Was nun ?* Sous ce titre, ce dernier consacre au défunt une nécrologie où il reconnaît la puissance, la popularité de M. Kalthoff. C'est « à Brême et dans toute l'Église d'Allemagne un nom immortel ». Il « haïssait Jésus, comme Luther haïssait le Pape ». Luther l'exaspérait (1). Malgré cette extravagance, le pasteur Burgraff, excuse, justifie le pasteur Kalthoff ; car, derrière « l'ivresse du cerveau » (*Geistesrausch*), il « n'y avait rien ».

(1) Dans ses Essais, parus la veille de son décès, le pasteur, « ivre d'esprit », laissait en quelque sorte son testament religieux. La vie est Dieu, le Christ, un mythe. Moins étroits que les pasteurs, c'est aux laïcs à « faire la religion future », *à mettre à la place de l'Evangile l'Olympe et la « déification » de la nature. Les Essais* sont le recueil des prônes par lui prêchés en son temple de Brême.

Le pasteur Goehre a un air de Lamennais germanique. Sorti du séminaire, contre la blouse il troque la simarre. A Dresde, généreux et idéaliste, il tourne la meule, Térence chrétien, pour s'initier aux mœurs ouvrières. De cette descente aux Enfers, il rapportait, il y a vingt ans, des gerbes de désespoir ; la pâle et souffreteuse corruption, la misère noire, un seul sentiment, la « religion du socialisme ». D'austères années durant, membre de l'Église, où le pasteur social Naumann pontifiait, il fait effort pour unir le protestantisme à l'esprit de réforme. Vint la « réaction » du *Kaiser*. Sous le protectorat du « roi Stumm », l'orgueilleux industriel du Rhin, Guillaume II ordonne à « l'Église nationale » le combat contre la démocratie. Les pasteurs, presque tous, s'inclinant, se taisent, comme le soldat de Scribe, sans murmurer. Persécuté, le pasteur Goehre poursuit sa douloureuse chimère. Le dégoût bientôt le saisit. Et claquant les portes, il publie un appel, où il réclame « l'exode en masse (1) » du protestantisme. Très curieuse se déroule entre les pasteurs et lui la controverse. De l'Église, un seul raisonnement paraît se justifier : comment, sans communauté, faire acte de religion (2). Le pasteur Goehre, lui, se barricade

(1) *Chronick der Christlichen Welt*, 1906, n° 5. *Verlag. J. Mohr*. Pankow. *Christliche Welt*, 26 avril 1906.
(2) Voy. l'attitude attristée du pasteur Hermann.

derrière l'hypocrisie de la hiérarchie, l'individualisme (1) de la Réforme, la réaction de la *Landeskirche*, l'hostilité sociale des chefs, le dépérissement intérieur. Non seulement cette Église servile et anarchique a tari les sources vitales ; elle élève toutes les barrières sur la route du progrès et de sa refonte. Elle est l'ennemi ; jetons-la comme une défroque d'épidémie. Au mois de septembre 1906, la *Neue Zücher Zeitung* annonçait cet « exode » sur les bords du Rhin, où de nombreux protestants le déclaraient à la mairie ». Dans sa dernière brochure : *Ecole, Église et Travail* (2), le pasteur Goehre pousse le citoyen hors l'Église : celle-ci a « brisé avec le Christ et son esprit » ; en second lieu, sa « conception du monde » est antiscientifique ; elle enseigne, enfin, la nécessité de la religion, chemin de « l'intolérance ».

Au printemps 1906, la conférence libre des « chrétiens sociaux », — c'est le groupe du pasteur Stœcker, — reconnaissait loyalement la stérilité sociale, publique de la Réforme. L'orateur principal, le professeur Richard Grützmacher, regrette cette inexistence civile. Nul

(1) « Cet individualisme, selon les thèses de Stuttgart, mai 1906, est le caractère du protestantisme. » Les sociologues, les historiens et les savants, M. Nitti, dans son catholicisme social. M. de Laveleye, M. Bebel, dans son fameux discours de Breslau, etc., ont marqué de ce reproche, le luthéranisme.

(2) *Librairie du Vorwaerts*, Berlin 1906.

empire efficace sur la vie générale ; quelques résultats médiocres, sans répercussion sérieuse, point de pénétration. Fausse, la vieille thèse favorite, que l'Allemagne moderne est l'œuvre du protestantisme ; digne de sarcasme, la prétention que Kant fut le « philosophe de la Réforme » ; ridicule, la manie de considérer la civilisation actuelle comme la floraison du germe luthérien. « Imitons l'Église romaine » ; voilà le « sublime exemplaire » *(Vorbildlichkeit)*. Il ne cesse de revenir sur cette prééminence du catholicisme. Et cette persuasion paraissait tellement l'âme de ce Congrès, qu'un pasteur réputé de Francfort, Julius Werner, exalta longuement cette transcendance et ce modèle. Que nous voilà loin des légendes d'antan ; du roman de Mme de Staël ; des applaudissements de Cousin ; des dithyrambes de Michelet, qui versera, en 1870, un pleur amer sur ses illusions de 1850 ; .de l'adoration sénile de Renan el de Quinet ; des oraisons luthériennes françaises, au lendemain du canon de Sedan, de l'instituteur de Sadowa, de la brochure de M. Emile de Laveleye sur la supériorité de la Réforme ! Aussi bien, l'émoi des pasteurs dure encore, et la réponse de M. Frédéric Michel Schiele traduit le plus amèrement la stupeur des vieux préjugés (1) !

(1) *Christliche Welt*, 10 mai.

VI

Les tracts populaires et le Riennisme.

Les *tracts populaires* (1) que, sous la direction
du docteur Schiele, publie le radicalisme protestant universel, forment une innombrable biblio-
thèque. D'un prix dérisoire, brefs, documentés
richement, à entendre les entrepreneurs, ils marquent une « pierre milliaire (2) » dans l'histoire
religieuse. Anglais, Danois, Suédois, Suisses,
Allemands y ouvrent au peuple les sources de la
critique : les étrangers paraissent les moins âpres,
raisonnables et pondérés. Me préserve le Ciel de
mésestimer cette vulgarisation ! Mais les tracts
portent-ils véritablement le *génie populaire* ?
Quatre séries ont paru : Ancien et Nouveau Testament ; histoire des religions et religions com-
parées ; foi et morale, conception du monde et
philosophie de la religion ; histoire de l'Église. La
collection de la *Pensée chrétienne* (3) comparée à
cette grosse artillerie, paraîtrait des almanachs
de piété. Puis, enseigner aux foules la « religion »

(1) *Religionsgeschichtliche Volksbücher.*

(2) Pierre tombale ?

(3) Paris, Bloud et Barral.

de l' « irréligion », ne voilà-t-il pas un singulier office de pasteur ? A tout prendre, les *tracts* cons-tituent un monument funéraire ; ils disent aux paysans et aux ouvriers : *Lasciate ogni speranza*. Le ton tranchant, la négation, la joie de détruire, le mépris pour le christianisme, le gonflement scientifique font pâlir les folles audaces de l'Ency-clopédie. Le protestantisme y célèbre ses funé-railles ; l'Allemagne des pasteurs remâche notre dix-huitième siècle. Ces rudes démolisseurs ne respectent rien. Ouvrant la première série sur les « sources de la vie de Jésus », le docteur Wernlé, de Bâle, sorte de Tertullien libre-penseur, se ras-sasie d'enthousiasme dans l'ébranlement de toute base. Au terme (1) : « Nous, s'écrie-t-il, nous sommes gorgés de Christologie jusqu'à n'en pou-voir plus ! » Le docteur Franz Fügner, un laïc, lui répond (2) : « Que font-ils donc, lui et ses amis, sinon de la Christologie ? La figure du Christ éternellement ne restera-t-elle le problème religieux hors pair ? »

Le pasteur Bousset dépouille Jésus (3) de sa mission historique. « Ce n'est pas Lui qui parle, dans les évangiles, c'est la dogmatique de la communauté. » Sans cesse, sans le prouver, il

(1) P. 87.
(2) *Christliche Welt*, 3 mai 1906.
(3) Deuxième et troisième *tract*.

arbore cette distinction. Le *Monde chrétien* (1) se
morfond de cette rage du riennisme. « De tout
cela, les gens ne retiendront que la négation. Le
public des *tracts* n'a pas une culture assez scientifique, pour ne pas éprouver la terrible volupté
(Wonneschaurig) du néant. » Et plus loin : « Pourquoi ce scandale, on pouvait aisément l'éviter ?
Le *Jésus* de Bousset, en son genre une œuvre
éminente, est devenu une pierre d'achoppement. »
Le docteur Kaftan se plaint « de ces pasteurs ne
connaissant plus de l'évangile que la forme historique (2), dont l'importance a disparu (3). » Non
sans ironie, il ajoute : « Ces gens-là, avec une
singulière emphase de leur opinion, font la vérité
historique. »

Dans son *Saint Paul*, le docteur Wrede se rit
vraiment du « peuple ». Quel laïc comprendra
jamais cette « théologie » et cette « exégèse » ?
Admirez la puissance d'invention de ces « savants » : chacun se croit homme à édifier un système tout neuf ; il y va de sa dignité de *Herr Pro-
fessor* ou *Doctor*. Le dernier cri du « Paulinisme »
est, à entendre notre « vulgarisateur », que Jésus
« n'a exercé aucune influence sur l'apôtre ».
Combat d'âmes et épreuves de la foi, il y a deux

(1) 13 mai 1906.

(2) *Deutsche Rundschau*, 1ᵉʳ août 1905, p. 23.

(3) Newman avait prévu cette fin.

mille ans : le pasteur Loehr de Breslau, analyse l'Ecclésiaste et le livre de Tobie ; c'est, ni plus ni moins, le Faust de Gœthe, le bouddhisme occidental de Schopenhauer. Le docteur Pfleiderer de Berlin, sur les brisées du pasteur Roemer à Remscheid, découvre le christianisme dans la philosophie de la Grèce (1).

Dans le domaine de la philosophie, la déraison, le ton de haute fantaisie, ne font guère oublier le criticisme outrancier des théologiens. Sur la *migration des âmes,* le docteur Bertholet, de Bâle, énumère les âmes, âmes de bêtes, âmes de plantes, âmes d'objets (oh !) (*Gegenstandsseelen*) ; marque « leur passage des êtres dans les êtres » ; fait le relevé de ces songes chez les Celtes, les Grecs, les Indiens ; et, au terme, croit cette doctrine un essor vers l'infini. Ce n'est pas l'avis du pasteur Willy : l'*anamenensis* de Platon lui paraît la seule clé du génie : sans métempsycose, le grand homme serait un mystère (2).

Les *tracts* continuent. Dans ses *Religions de la terre,* le docteur Sœderblom d'Upsala montrē les hommes « happant après les dieux » ; le docteur Hackmann de Londres, racontant le bouddhisme,

----

(1) *Verbreitung des Christenthums in der griechischen Philosophie.*

(2) Supplément de la *Taegliche Rundschau,* à propos de Mozart. 1906.

en découvre au moins les « lacunes caractéri-
sées », trait qui nous repose des œuvres classiques
de Max Muller et d'Oldenberg (1) ; sur la *Création
du monde*, le docteur Wendland, de Bâle, brosse
un tableau d'histoire ; le docteur Niedergall, de
Heidelberg, se risque à résoudre le point : Quelle
est la meilleure des religions ? L'auteur a enri-
chi la Babel de Luther d'un système plaisant : il
distingue le christianisme de la religion de
Jésus (2).

Le docteur Traub, de Dortmund, croit le miracle « l'enfant de la foi orientale », etc., etc. Quel
peuple, quelles mœurs résisteraient à cette guerre
de chicanes, de mépris, de négations, de systèmes, où l'érudition sans unité se marie avec
l'individualisme sans frein ? L'Évangile se ravale,
descend au rang d'une branche d'histoire. Le
lecteur demeurera frappé de cet exclusivisme.
« Les orthodoxes s'en lamentent, les libres pen-
seurs s'en réjouissent. La mission la plus noble
de l'histoire, dit Jacob Schmidt (3), est d'ôter à

____

(1) Je note cette réserve. Le bouddhisme, ce mélange de bouf-
fonneries et de sentences supportables, a servi trop longtemps de
terme de comparaison avec l'Évangile. Les fouilles aux Indes, si
avancées ces derniers temps, ne manqueront pas de faire remonter
aux premiers apôtres du christianisme, l'apport des beautés morales
épanouies sur le fumier oriental.

(2) *Jesustum und Christentum.*

(3) *Preussische Jahrbücher.* CXXIII⁰ tome, p. 516.

l'humanité le poids mort du passé... Voilà pourquoi, depuis quelque temps, l'orthodoxie ecclésiastique la hait et la « persécute. » Arrivé au néant, Renan, lui, l'appelait avec un sourire : « Cette petite science conjecturale. »

La dissolution s'étale au point que, croyants et incrédules, les pasteurs ne se font nulle illusion sur l'universel déclanchement. D'où vient cette apostasie (1) ? A qui la faute ? Les premiers endossent la responsabilité au rationalisme et aux pasteurs. On ne croit pas, parce qu'on ne peut croire. Le peuple se détache de la religion, car les pasteurs ne l'enseignent pas. Les Monistes ne se disculpent même plus. Entre ceux-ci et ceux-là, les disciples du célèbre Albert (2) Ritschl découvrent les sources de l'indifférence populaire dans « l'orthodoxie », le « piétisme », c'est-à-dire, l'Eglise dirigeante. Du christianisme « monacal », impopulaire, extrême, le peuple ne saurait avoir cure. Il se retire. Un « positif » si favorable pourtant au ritschlianisme, le pasteur Esche, se demande — doute plaisant — si, en général, on peut rendre les foules chrétiennes. Où l'accord se conclut, se proclame unanimement la culpabilité

(1) *Entfremdung.*

(2) Dans ses écrits et ses lettres, ce théologien, on le sait, n'a jamais varié sur cette accusation. Si les incroyants lacèrent l'Evangile, ces mal croyants le dénaturent.

du pasteur. Voilà le responsable, le vrai, le seul.

Ce dialogue sur la genèse du malheur offre un intérêt universel. A ne considérer que ce point, toute régression religieuse remonterait ainsi à deux causes : le clergé incrédule ou médiocre et le clergé distant ou « monacal ». Albert Ritschl et les théologiens aux universités ne masquent pas leur sévérité sur ces prédicants qui, les uns, ne remplissent pas leur office sublime, les autres le remplissent mal (1). De l'Église « aristocratique », « romantique », « disproportionnée », le dos tourné au peuple, ou de l'Église savante, libre penseuse, temple du métier, presbytère sans idéal, languissant ministère, laquelle tient le rang le plus bas ? Problème obscur, mais sur lequel les catholiques eux-mêmes forceront leur curiosité. Les dépérissements d'organismes ont tous une cause morale : la non correspondance ou la correspondance inexacte de la fonction au besoin ; et, ajoutons-le, au besoin de l'heure présente.

(1) *Les Églises nationales évangéliques d'Allemagne au XIX⁰ siècle.* Berlin, Reuther und Richard.

VII

Les conséquences du Riennisme.

Ce crépuscule du protestantisme émeut par sa
grandeur tragique. Au sein de nos discordes
civiles de France, les étrangers, les Allemands en
première ligne, se sont plu à pousser au noir la
« corruption » et la « banqueroute », le « désordre » et la « décadence » de notre pays. Fini, le
catholicisme, jubilaient-ils en grand nombre ;
épuisée, la puissance millénaire de la Gaule » ;
victorieuse, la fatalité qui mène aux abîmes ;
paralysée, sa force d'expansion. Jadis, les grands
historiens, Ranke, par exemple, magnifiaient (1)
la magistrature universelle de la France. Aujour-
d'hui, nos rivaux rabaissent notre présent et
nient notre avenir. Mais le protestantisme est-il
donc si sûr du lendemain ? Si la France plie sous
le conflit religieux, l'Allemagne porte aux flancs
le cancer, l'incurable maladie : là un problème
de réorganisation ; — ici, la révolution morale ;
là, l'évolution d'un caractère plutôt politique ; —
ici, le désordre permanent, continu, farouche et
irrésistible ; — là, une tempête temporaire que

____
(1) *Führerrolle.*

du moins les catholiques affrontent unis ; ici, au sanctuaire bientôt désert, devant les tabernacles violés, les blasphèmes des profanateurs couvrant les cantiques des prophètes.

Mais gardons-nous de nous jeter à la tête nos piétés et nos malheurs. L'abaissement du sentiment chrétien nous attriste, car tout abaissement de ce sentiment entraîne l'abaissement de la santé morale.

Nous craignons, en outre, que cette crise ne prépare une coalition contre le catholicisme. Devant cette impuissance d'en haut et cette rébellion d'en bas, devant l'incertitude et le désarroi qui règnent en tous lieux, ne sera-t-on pas enclin à imiter les États qui, pour bannir la révolution au dedans, recourent à la guerre au dehors ? La persécution ne demeure-t-elle pas un des exécutoires des crises domestiques ? Aux fêtes de la nouvelle cathédrale de Berlin, orthodoxes et libéraux, au mois de mai, confondaient leur haine réciproques dans une espérance commune. Paroles du souverain ; menaces du prince Henri ; sursauts de la combativité des pasteurs : divers symptômes annonçaient que le Kulturkampf n'est pas à jamais fini. Au retour de cette imposante parade d'union où, hors l'anglicanisme, toutes les variétés du protestantisme avaient communié, le doyen des pasteurs hamburgeois, le senior Behmann, exhalait son lyrisme guerrier :

L'empereur, s'écriait-il, laissa tomber sur moi aussi un rayon de soleil de bienveillance, dont il fit l'aumône à notre libre cité hanséatique. L'empereur me développa quel succès il espérait de cette cérémonie, ou plutôt de ce qui la caractérisait, à savoir de cette solidarité de tous les protestants pour le combat contre l'ultramontanisme.

Ces effusions, ajoutées aux appels à la lutte du prince Henri de Prusse, rallumèrent la confiance des pasteurs, épris de concentration ecclésiastique en face de l'Église. Cette offensive créerait l'unité ; l'unité, la puissance. Ces sonneries d'escarmouches rouvrirent les yeux aux optimistes, plus près de la faveur impériale que du travail et de l'accroissement des propres forces (1). Puis le calme revint. Mais cette soudaine alerte et cette promptitude joyeuse au duel traversèrent le ciel serein comme des éclairs d'avertissements et illuminèrent un état d'esprit qui dure encore. Au meeting-monstre de Berlin contre l'Évangile laïque de M. Fischer, en mai 1905, le lieutenant-colonel von Rohr, interpellant l'immense assemblée, s'écriait : « Ce péril intérieur ne constitue-t-il pas une menace plus immédiate que le péril extérieur ? » Et il reprenait : « Ne faudrait-il pas

---

(1) Contre ce geste de menace la *Gazette populaire de Cologne* a fait une brillante campagne.

désormais reléguer à l'arrière-plan le *Los von Rom ?* » Un *non* frénétique, unanime, retentit. Libéraux et orthodoxes, les pasteurs expriment en général la même préférence. La hantise du romanisme exacerbe le sentiment de détresse intérieure. Dans un récent discours, M. K. von Burger, le grave conseiller du Consistoire supérieur de Munich, exprimait cette décadence et cette obsession :

L'avenir du protestantisme s'annonce mal. Nous en gémissons. Mais comment en serait-il autrement, lorsqu'au cours des négociations on a continuellement fait effort pour tourner avec soin les récifs contre lesquels elles devaient se briser, sans pour cela les avoir fait disparaître ? Au sein du protestantisme règne un divorce qui atteint les profondeurs, un antagonisme de jour en jour plus aigu, antagonisme non de théories et de convictions théologiques, mais de conception du monde, de foi, de religion... L'antique problème fondamental : « Que pensez-vous du Christ ? » est résolu par nous qui restons sur ce terrain de la doctrine apostolique et du symbole de la réforme, tout autrement que par ceux qui répudient ouvertement cette base de la foi. Il serait inutile, et même injuste, de fermer les yeux à ce fait. Nous n'emploierons point les dures paroles. Mais aujourd'hui, il appert clairement que les différences de doctrines, divisant le protestantisme aux seizième et dix-septième siècles, paraissent des futilités en comparaison de ce qui sépare à présent les vieux et les jeunes. Comment serait-il possible de réunir actuellement ceux qui affirment et ceux qui nient crânement la divinité du Christ ? Faut-il donc que le protestantisme allemand soit voué à l'impuissance, qu'il s'abîme de plus en plus dans l'insignifiance et dans l'effacement, *qu'il soit livré à l'insolence de l'ultramontanisme politique* (1) ? »

C'est en ces termes que le protestantisme accuse la magistrature parlementaire du centre, et la dissolution du Reichstag fournit à cette haine l'occasion d'agir. Jusqu'ici placé entre deux tronçons irréconciliables du protestantisme religieux et politique, le parti du centre forme, par sa cohésion, l'axe du Reichstag. Il est le Warwick des majorités. Il fait des lois, dicte ses volontés ; il gouverne, s'il ne règne. Malgré leurs haines réciproques, tous les protestants, libéraux et orthodoxes, conservateurs et démocrates, ressentent cruellement sa gênante et visible suprématie. Cette jalousie, jointe à la nécessité d'un dérivatif, a donné l'essor à des essais d'émancipation. Dernièrement, le pasteur Naumann, le socialiste luthérien, énumérait, dans une brochure, les raisons de s'unir contre l'ennemi commun. Briser la prépondérance du centre ; pour cela oublier les discordes et renoncer aux préférences des groupes ; chercher dans les motifs de s'accorder les

___

(1) *Neue Kirchliche Zeitschrift*, 1905, p. 1.

raisons de combattre : ce manifeste exprime un état d'esprit universel. M. Naumann dit aux conservateurs : « Soyez sociaux » ; aux socialistes : « Modérez-vous »; aux sectes : « Laissez là vos symboles et vos chicanes »; à tous : « Alliez-vous contre le centre. » Au récent congrès d'Iéna, la droite socialiste de MM. de Vollmar et Bernstein, disant adieu au marxisme, se montrait disposée aux alliances politiques et parlementaires.

Au delà des antagonismes des partis, la concentration semble s'ébaucher lentement (1). L'intérêt national assure encore la paix. Sur le type anglo-américain, le *Kaiser* bridait jusqu'ici ces convoitises et ces impatiences. Aux écoutes sur les Vosges, il puise, dans ses coquetteries avec la Papauté, l'espoir de nous remplacer à Rome et en Orient. De même que l'impérialisme britannique se base sur la paix au dedans, qu'au delà de l'Atlantique, l'ère nouvelle, celle de l'expansion et du jingoïsme, coïncide avec la mission Taft au Vatican, ainsi Guillaume II fait-il tenir sa *Welt-politik* sur la loi de connexité entre l'administration intérieure et la diplomatie. Le jour où

---

(1) Il y a quelque temps, au congrès annuel de la *Ligue évangélique*, M. Meyer, le protagoniste à Vienne du *Los von Rom*, a déclaré la guerre sauvage « à l'ultramontanisme, au nom du germanisme ». Ce bruit de combat a rempli toutes les séances.

ces pesées extérieures, près de cesser, des problèmes du dehors concentreront les efforts sur les problèmes du dedans, le Kulturkampf jaillira comme une force de conservation luthérienne. Aujourd'hui, le souverain est le prisonnier du monde ; demain, il sera le prisonnier de son Église. Mais cette politique de désespoir arrêtera-t-elle le *placido tramonto* du protestantisme ?

A ce spectacle d'âmes, du cœur la gratitude monte vers le Saint-Père, arbitre de nos destinées, suprême magistrat des consciences, lien indestructible d'une unité indestructible, tribunal sans appel. La mélancolie la plus amère, celle de l'esprit, s'exalte moins de cet écroulement dramatique d'une Église qui, malgré ses origines impures, a marqué une civilisation de son génie, que de cette promiscuité sans nom dont le luthéranisme se souille en s'épuisant. Mourir fièrement, disputer, parcelles par parcelles, le territoire spirituel aux assauts de la haine et aux contacts de l'épidémie intellectuelle ; loin des peuples qui, à vos pieds, s'écoulent en un torrent rapide, ce naufrage aurait je ne sais quelle grandeur morale. Mais lorsque, sans possibilité de sauvegardes, une Église se profane par toutes les erreurs : nietzchéisme, kantisme, monisme ; ici, représentants d'une politique purement alimentaire ; là, termites de toute religion ; plus loin,

fondateurs bouffons d'un paganisme recuit ;
lorsque, du rivage, l'observateur ému assiste au
clapotement de cette mer morte où sombre toute
vie, il ressent une commotion indéfinissable, et se
rappelle involontairement, devant ces atteintes
homicides, l'inscription du cadran d'Urugne : *Vul-*
nerant omnes, ultima necat!

TABLE DES MATIÈRES

		Pages
Avant-Propos		3

CHAPITRE I
La dernière forme : le Riennisme 5

CHAPITRE II
Les progrès du Riennisme 17

CHAPITRE III
Les procédés du Riennisme 27

CHAPITRE IV
Les laïcs et le Riennisme 38

CHAPITRE V
Les combats du Riennisme 42

CHAPITRE VI
Les tracts populaires et le Riennisme 49

CHAPITRE VII
Les conséquences du Riennisme 56

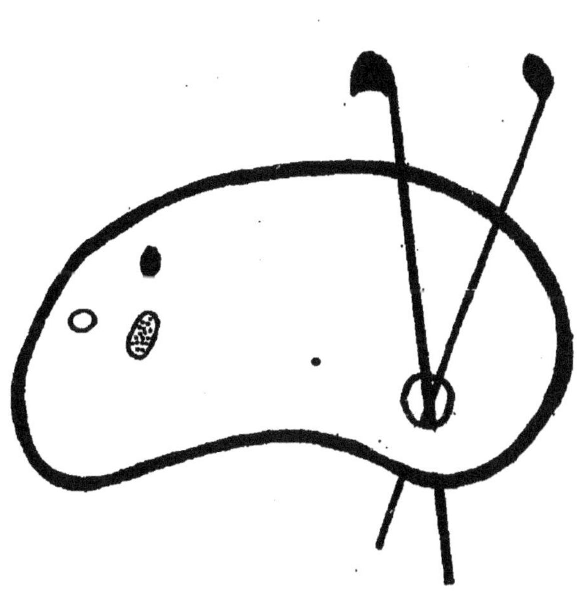

ORIGINAL EN COULEUR
NF Z 43-120-8